cucina • VEGETARIANA •

CRUDITÉ E INSALATE
sane e gustose ricette in sintonia con la natura

Testi parte introduttiva ed editing: Serena Dei
Testi e fotografie ricette: archivio Gribaudo, Barbara Torresan
Fotografie pagg. 4, 6, 9, 10, 13, 14, 17, 18: Shutterstock Images
Illustrazioni: Shutterstock Images

Redazione Gribaudo
Via Garofoli, 266
37057 San Giovanni Lupatoto (VR)
redazione@gribaudo.it

Responsabile iniziative speciali: Massimo Pellegrino
Responsabile di produzione: Franco Busti
Responsabile di redazione: Laura Rapelli
Responsabile grafico e progetto: Meri Salvadori
Fotolito e prestampa: Federico Cavallon, Fabio Compri
Segreteria di redazione: Davide Parpinel

FSC
www.fsc.org
MISTO
Carta
da fonti gestite in
maniera responsabile
FSC® C101934

Stampa e confezione: Grafiche Busti srl, Colognola ai Colli (VR),
azienda certificata FSC®-COC con codice CQ-COC-000104

Socio Unico Giangiacomo Feltrinelli Editore srl
Via Andegari, 6 - 20121 Milano
info@gribaudo.it
www.feltrinellieditore.it/gribaudo/

Prima edizione: 2018 [1(N)] 978-88-580-1930-6

CRUDITÉ E INSALATE

sane e
gustose
ricette
in sintonia con
la natura

GRIBAUDO

sommario

Un piatto ricco di nutrienti

Un'insalata non deve essere vista solo come un contorno, ma anche, soprattutto, come un piatto completo.
Gli ingredienti più disparati possono incontrarsi per comporre pietanze gustose e nutrienti, in cui si fondono sapori e aromi, a volte tra loro complementari, e si uniscono i principi nutritivi dei diversi alimenti, a garantire una salutare completezza e un'innegabile leggerezza.
Le verdure sono la base indispensabile per una buona insalata: ortaggi di stagione, ma anche primizie, o ancora prodotti particolari ed esotici, oggi reperibili con facilità in ogni periodo dell'anno sia nei negozi di fiducia che in quelli della grande distribuzione.
La stagionalità, come vedrete nelle prossime pagine, è fondamentale per il nostro corpo. Seguite i nostri suggerimenti sul consumo delle verdure in base alla loro maturazione perché corrispondono a precise esigenze del nostro organismo: d'estate, infatti, si consumano frutta e verdura più ricche di acqua, dal momento che per il calore aumenta la sudorazione e la dispersione dei liquidi, e in autunno invece si optano per le primizie, che aiutano la depurazione del corpo, che si prepara al freddo dell' inverno.
Alla varietà di colori e profumi delle verdure, cotte o crude, si possono aggiungere uova, formaggi, funghi, ma anche tofu, tempeh e seitan – pietanze derivate dalla fermentazione della soia o dal glutine di alcuni cereali –, frutta, fiori edibili, e poi semi oleosi e tutto quello che la fantasia suggerisce e il palato può desiderare: osate e sperimentate nuovi sapori, create anche monoporzioni da offrire per una cena informale, giocate con le tonalità, perché sì, l'occhio vuole sempre la sua parte.
Per completare il piatto, oltre al miglior olio extravergine di oliva e ai tradizionali condimenti a base di aceto o succo di limone (*vedi* pag. 11), si possono utilizzare erbe aromatiche (*vedi* pagg. 8-9), spezie stuzzicanti, che danno un certa personalità al piatto e salse particolari (*vedi* pagg. 12-15). Il gioco degli abbinamenti è potenzialmente infinito.
Se poi l'insalata viene ulteriormente arricchita da pasta, riso, quinoa, amaranto, farro od orzo, si ottiene un piatto unico originale, sostanzioso e di sicuro effetto.
Gli spunti in questo libro sono molti e i tempi di preparazione sono relativamente brevi.

Mangiare bene per vivere bene

Il nostro benessere passa in primo luogo da ciò che ingeriamo.
L'attenzione agli alimenti è fondamentale, perché le nostre funzioni vitali, come tanti ingranaggi di una macchina "perfetta", possano compiere il loro ciclo. Ed è quindi molto importante rispettare i suggerimenti che ci arrivano dall'organismo e, soprattutto, le leggi della natura.
Variare il più possibile l'alimentazione deve essere un'abitudine, in modo che il nostro corpo immagazzini tutti i nutrienti necessari. Fondamentale è porre l'attenzione oltre che alla provenienza anche alla stagionalità degli alimenti.

La stagionalità di ortaggi e legumi

GENNAIO
bietole · broccoli · carciofi · cardi · carote · cavolfiori · cavoli · cicorie · cime di rapa · finocchi · patate · porri · radicchi · sedano · spinaci · zucche

FEBBRAIO
bietole · broccoli · carciofi · cardi · cavolfiori · cavoli · cicorie · cime di rapa · finocchi · patate · porri · radicchi · sedano · spinaci · zucche

MARZO
asparagi · bietole · broccoli · carciofi · carote · cavolfiori · cavoli · cicorie · cipolline · finocchi · insalate · patate · porri · radicchi · sedano · spinaci

APRILE
asparagi · barbabietole · barba di frate · broccoli · carciofi · catalogna · carote · cavolfiori · cavolo cappuccio · cavolo verza · cavolini di Bruxelles · cicoria e cicorino · cime di rapa · cipollotti · coste · crauti · crescione · erbette · fave · finocchi · indivia · lattuga · luppolo · ortiche · patate · piselli · porri · rabarbaro · radicchio rosso · rape · ravanelli · rucola · spinaci · tarassaco · valerianella · zucche

MAGGIO
asparagi · bietole · carote · cavoli · cicorie · cipolline · fagiolini · fave · finocchi · insalate · patate · piselli · pomodori · radicchi · ravanelli · rucola · sedano · spinaci

GIUGNO
asparagi · bietole · carote · cavoli · cetrioli · cicorie · fagiolini · insalate · melanzane · patate · peperoni · pomodori · radicchi · ravanelli · rucola · sedano · zucchine

LUGLIO
bietole · carote · cavoli · cetrioli · cicorie · fagiolini · insalate · melanzane · patate · peperoni · pomodori · radicchi · ravanelli · rucola · sedano · zucchine

AGOSTO
bietole · carote · cavoli · cetrioli · cicorie · fagiolini · insalate · melanzane · patate · peperoni · pomodori · radicchi · ravanelli · rucola · sedano · zucchine

SETTEMBRE
bietole · broccoli · carote · cavoli · cetrioli · cicorie · fagiolini · insalate · melanzane · patate · peperoni · pomodori · porri · radicchi · ravanelli · sedano · spinaci · zucche · zucchine

OTTOBRE
bietole · broccoli · carciofi · carote · cavolfiori · cavoli · cicorie · finocchi · insalate · melanzane · patate · peperoni · porri · radicchi · ravanelli · sedano · spinaci · zucche

NOVEMBRE
bietole · broccoli · carciofi · cardi · carote · cavolfiori · cavoli · cicorie · finocchi · insalate · patate · porri · radicchi · sedano · spinaci · zucche

DICEMBRE
bietole · broccoli · carciofi · cardi · carote · cavolfiori · cavoli · cicorie · cime di rapa · finocchi · insalate · patate · porri · radicchi · sedano · spinaci · zucche

Le spezie e le erbe aromatiche

Ricercate e pagate a caro prezzo, le spezie un tempo erano le grandi protagoniste del bacino del Mediterraneo. Fra queste venivano annoverati anche prodotti poi ambientatisi in Europa, come lo zafferano, e altri che noi chiamiamo erbe aromatiche o "odori".
Le spezie e le erbe sono ideali per dare una certa personalità all'insalata. Per conservarle al meglio occorre tenerle in un luogo buio, fresco e asciutto. Riponetele quindi in vasetti di terracotta, di porcellana o di vetro scuro, in una credenza o su uno scaffale lontani da fonti di calore.

ALLORO
Entra in quasi tutte le marinate.

BASILICO
Adatto a qualsiasi tipo di cibo e aromatizza le marinate.

CARVI
Si accompagna con formaggi e verdure.

CORIANDOLO
Dona un profumo particolare a verdure marinate.

CUMINO
Per il suo sapore intenso va usato a piccole dosi per aromatizzare le marinate.

CURRY
È un miscuglio di più spezie, soprattutto coriandolo, chiodi di garofano, zenzero e pimento. Aromatizza le verdure cotte, che possono essere anche consumate fredde e formaggi a pasta molle.

ERBA CIPOLLINA
Può essere usata nelle marinate e nelle salse, ma anche cruda per profumare verdure e formaggi.

MAGGIORANA
Viene utilizzata come l'origano, che lo può sostituire.

MENTA
Si sposa molto bene con verdure e formaggi.

NOCE MOSCATA
Insaporisce le salse di accompagnamento.

PAPAVERO
Viene utilizzato per aromatizzare marinate e salse.

PEPE
Il pepe nero è il più forte; il pepe bianco si ottiene mettendo a macerare quello nero ed eliminando la scorza per renderlo meno forte; quello verde è pepe immaturo e ha un sapore acidulo.

PREZZEMOLO
Viene utilizzato per aromatizzare ogni tipo di cibo, cotto o crudo.

TIMO
Valorizza le verdure.

SENAPE
Si sposa molto bene praticamente con tutti i tipi di verdure.

ZENZERO
Aromatizza salse e marinate.

ZAFFERANO
Si usa in molte salse e con le verdure cotte e servite anche a temperatura ambiente.

PEPERONCINO PICCANTE, PAPRICA, CHILI
Sono usati nelle salse e nelle marinate oppure direttamente su verdure cotte e crude.

ORIGANO
Si utilizza principalmente essiccato, soprattutto nel sugo di pomodoro, ma dà una nota particolare a insalate con formaggi e pomodori.

L'olio, l'aceto, il sale e il pepe

Sono i condimenti di base praticamente di tutte le insalate. Potete creare in poche mosse un assortimento personalizzato nella vostra dispensa. Ecco qualche suggerimento.

OLIO ALLE ERBE

Mettete in olio extravergine di oliva erbe aromatiche a scelta (basilico, erba cipollina, timo, origano, menta...), integre e ben asciutte. Aggiungete qualche grano di pepe verde e aglio schiacciato, se li gradite. Lasciate riposare una ventina di giorni, quindi filtrate.

OLIO PICCANTE

Mettete in olio extravergine di oliva foglie perfette di basilico, spicchi d'aglio schiacciati, peperoncini piccanti sbriciolati. Lasciate riposare per una ventina di giorni, quindi filtratelo. Questo olio può essere preparato anche senza aglio, se non lo amate.

ACETO AL PEPE

Mettete 10 grani di pepe verde e 4 zollette di zucchero in un litro di aceto di vino bianco. Lasciate riposare circa 40 giorni, poi filtrate. Questo aceto conferisce un sapore speciale alle marinate.

ACETO AL PORRO

Mettete 6 porri mondati, lavati e asciugati in un litro di aceto di vino bianco. Lasciate riposare per una ventina di giorni almeno, scuotendo quotidianamente. Filtrate prima dell'uso.

SALE AROMATIZZATO

Si trova già pronto in commercio con vari sapori, ma potete anche prepararlo in casa. Pestate nel mortaio del sale grosso marino, quindi allargatelo su carta da pane perché si asciughi e unitevi aromi a scelta, tritati finissimi e fatti asciugare: aglio, sedano, rosmarino, bacche di ginepro sbriciolate, curry o senape in polvere, timo, origano, erba cipollina, salvia, alloro, paprica in polvere, zafferano, zenzero... Attenzione: il sale grosso penetra nelle vivande più di quello fino e sala di più, perciò usatelo con parsimonia.

Le salse

Sono ideali per rendere più ricche e golose le vostre insalate. Prendete spunto da quelle proposte qui e createne di nuove, con le consistenze e i sapori che più vi piacciono.

MAIONESE

Riunite in una ciotola 3 tuorli, un pizzico di sale, una macinata di pepe e qualche goccia di succo di limone. Iniziate a sbattere delicatamente ma continuamente, sempre nello stesso senso, con la frusta; incorporatevi a filo dell'olio extravergine di oliva. Quando i tuorli ne avranno assorbito 4-5 cucchiai, la salsa comincerà ad addensarsi; sempre sbattendo con la frusta, aggiungete ancora qualche goccia di succo di limone, quindi proseguite con l'aggiunta dell'olio, ed eventualmente di altro succo di limone. La maionese può essere arricchita in molti modi: con qualche cucchiaio di salsa Worcester, qualche goccia di tabasco o ancora senape o curry, per renderla piccante; se la preferite più delicata potete incorporarvi della panna; per profumarla, unitevi delle erbe tritate; potete diluirla con qualche cucchiaino di cognac o di un altro liquore; se amate i sapori forti aggiungetevi dell'aglio tritato finissimo o delle cipolline tritate.

MAIONESE VEGANA

Mettete in una ciotola dai bordi alti 60 ml di bevanda vegetale di soia, un cucchiaino abbondante di aceto di mele e un cucchiaino abbondante di senape. Regolate di sale, quindi con un mixer a immersione amalgamate gli ingredienti versando a filo l'olio finché non avrete un composto omogeneo e denso. Questa versione vegana può essere arricchita come la maionese tradizionale: erbe e spezie a piacere.

SALSA DI YOGURT, CETRIOLO E MENTA

Tritate finemente un cetriolo sbucciato. Aggiungete 2 spicchi d'aglio schiacciati e mezzo litro di yogurt bianco intero, alcune foglioline di menta spezzettate, 2 cucchiai di olio extravergine di oliva, sale e pepe. Amalgamate e lasciate riposare in frigorifero per almeno 2 ore. Questa fresca salsa greca è adatta a verdure e formaggi.

SALSA AI CETRIOLI ED ERBA CIPOLLINA

Sbucciate 2 grossi cetrioli e tritateli molto finemente. Raccogliete il ricavato in una ciotola e incorporate l'olio extravergine di oliva necessario ad amalgamare il trito, il succo di mezzo limone e un pizzico di semi di finocchio. Fate riposare i cetrioli in frigorifero per circa un'ora. Montate 3 dl di panna fresca, che deve essere molto fredda, e aggiungetela al trito di cetrioli conditi; unite anche un decilitro di panna acida (o di yogurt), mescolando molto delicatamente per non far smontare la panna. Regolate di sale e pepe e completate con 4 steli di erba cipollina tritati.

SALSA AL CURRY

Tritate molto finemente una cipolla e fatela appassire in 50 g di burro a fuoco basso, badando che non prenda colore. Unite un cucchiaio di farina, mescolando con energia in modo che non si formino grumi. Aggiungete 2 cucchiaini di curry e diluite il tutto incorporando poco alla volta una tazza di brodo vegetale caldo. Fate cuocere per almeno 20 minuti a fuoco moderato. Al termine della cottura aggiustate di sale. Questa salsa è ottima per condire il riso lessato, ma può essere utilizzata per insaporire la verdura cruda, lessata o grigliata, e le uova.

SALSA ALLA RICOTTA

Mondate e sciacquate rapidamente qualche rametto di menta selvatica, un ciuffo di finocchio selvatico e un ciuffo di melissa. Sbucciate uno scalogno e tritatelo insieme alle erbe. Raccogliete il trito in una terrina e, mescolando, unite poco olio extravergine di oliva, qualche goccia di succo di limone e un pizzico di sale. Ottenuto un composto omogeneo, aggiungete 250 g di ricotta fresca passata al setaccio e mescolate con cura per amalgamare il tutto. Da ultimo spolverate di pepe e, solo se necessario, aggiungete altro olio e succo di limone.

SALSA ALL'AGLIO

Tritate finemente 4 spicchi d'aglio e mescolatelo a un tuorlo. Sbattendo con energia, unite dell'olio di semi di girasole dapprima a gocce e poi, quando inizia a montare, a filo, fino a ottenere un composto cremoso come una maionese. Quando la salsa si è addensata, aggiungete, sempre mescolando, il succo di limone e regolate di sale. Questa salsa è adatta a insaporire verdure lessate, insalate, uova e formaggi.

TAHINA

Si tratta di un condimento a base di sesamo, molto utilizzato nella cucina mediorientale. Fate tostare in padella 200 g di semi di sesamo, mescolandoli spesso affinché non si brucino. Metteteli in un contenitore dai bordi alti e con un mixer a immersione riduceteli in poltiglia unendo a filo olio di semi di sesamo. Regolate di sale. La tahina sarà pronta quando avrà una consistenza densa e omogenea.

SALSA DI PANE E PINOLI ALL'AGLIO

Sbucciate 2 spicchi d'aglio e affettateli, quindi raccoglieteli in un mortaio insieme con 80 g di pinoli e pestate fino a ottenere un composto omogeneo. Aggiungete un cucchiaio di capperi, 2 cucchiai di aceto di vino bianco, 60 g di mollica di pane sbriciolata e lavorate fino a ottenere una salsa uniforme. Sminuzzate con le dita 10 foglie di basilico e unitele alla salsa; salate se necessario, completate con una macinata di pepe e un filo di olio, pestate ancora brevemente per amalgamare il tutto.

GUACAMOLE

Aprite a metà 2 avocado maturi, estraete il grosso seme centrale, pelateli e tagliateli a pezzi. Ponete la polpa dei frutti nel mortaio e lavoratela fino a ridurla in crema, incorporando poco alla volta l'olio e il succo di un limone filtrato. Aggiustate di sale e insaporite con pepe e peperoncino. Servite la salsa fredda con verdure crude o insalate miste.

SALSA DI SPEZIE AL MIELE

Raccogliete 6 cucchiaini di senape in grani, 2 cucchiaini di pepe verde in grani, il pepe e una presa di sale in un mortaio e pestate il tutto finemente. Aggiungete la scorza grattugiata di mezzo limone non trattato e la scorza grattugiata di mezza arancia non trattata, e continuate a lavorare fino a ottenere un composto omogeneo. Senza mai smettere di pestare e mescolare, incorporate alla crema 2 cucchiaini di miele di castagno e 8 cucchiai di aceto di mele aggiungendolo a filo. Versate il preparato in un vasetto di vetro scuro, precedentemente sterilizzato; chiudetelo ermeticamente e riponetelo in un luogo asciutto e fresco. Lasciate riposare la salsa per 3 giorni prima di servirla come accompagnamento di verdure crude o bollite. Volendo, potete lasciare alcuni grani di senape e di pepe interi.

SALSA AL LIMONE

Lasciate per qualche tempo 100 g di burro in un luogo tiepido in modo che si ammorbidisca, quindi montatelo a spuma con una frusta elettrica. Unite 100 g di formaggino cremoso, precedentemente schiacciato con una forchetta, il succo di mezzo limone e la sua scorza grattugiata; salate e mescolate.

Tofu, tempeh e seitan, un pieno di proteine

I legumi sono una delle fonti più importanti di proteine per chi ha deciso di seguire una dieta vegetariana o vegana. Tra i legumi, la soia è un alimento molto versatile che la tradizione orientale ha saputo trasformare per ottenere derivati ormai conosciuti in tutto il mondo.
Tra questi ci sono il tofu e il tempeh che possono essere aggiunti a qualsiasi tipo di verdure, ma anche a insalate di riso, orzo e cuscus. Così come il seitan, ricco di proteine: arriva dal Giappone ed è un alimento ottenuto dal glutine dei cereali.

TOFU

Ha una consistenza simile a un formaggio fresco, a pasta semimolle, ed è ottenuto dal caglio del latte di soia, quest'ultimo ricavato dalle fave proprio della soia, una pianta leguminosa originaria dell'Asia. Il composto così ottenuto viene pressato: il prodotto finale può essere più o meno compatto, in base alla durata della pressatura.
Utilizzato nella gastronomia dell'Estremo Oriente da molti secoli, fino a qualche anno fa il tofu era pressoché sconosciuto in Occidente, ma in tempi piuttosto recenti ha ottenuto un ruolo da protagonista nelle nostre tavole.
In commercio – ormai è presente in ogni supermercato – si trova sia fresco che conservato. In quest'ultimo caso viene condito con oli e aromi diversi (si può per esempio trovare al basilico o alla pizzaiola, con un sugo di pomodoro).

Di solito pronto per il consumo, il tofu ha dalla sua parte il fatto di essere un alimento povero di grassi saturi, ma, come dicevamo prima, è ricco di proteine.
Versatile in cucina per il suo gusto neutro, è ottimo abbinato a cereali, verdure, cotte o crude, e legumi. Ma anche in intingoli per arricchire paste o riso. Da solo, può essere saltato in padella con un filo d'olio, impanato e fritto, al forno o anche semplicemente marinato in un condimento, come si farebbe per la carne o il pesce. Viene utilizzato in pasticceria, per esempio, ridotto in crema e addolcito con zucchero grezzo di canna o con miele o con sciroppo d'acero, ma anche in abbinamento a bevande a base di soia per preparare budini e dolci senza latticini.

SEITAN

In Giappone, dove è ampiamente consumato, i monaci buddisti lo chiamavano *kofu*, che significa «glutine di grano». E infatti questo alimento, si ottiene dal glutine dei cereali (per esempio grano, farro, Kamut...), dai quali viene rimosso dell'amido. La parte che resta, lessata ed eventualmente insaporita con alghe, salsa di soia o altri aromi, è il seitan, ovvero il cibo "giusto", come lo ha definito George Osawa, uno dei massimi esperti di cucina macrobiotica. Ricco di proteine, ma povero di carboidrati e grassi, per gusto e consistenza assomiglia alla carne, e infatti viene utilizzato nelle diete vegetariane e vegane per preparare ragù, arrosti, spiedini e molto altro; essendo un alimento precotto ha il vantaggio di non richiedere lunghe preparazioni, ma dal punto di vista nutrizionale non può essere considerato equivalente alla carne, perché non possiede tutti gli amminoacidi essenziali: per ottenere un piatto completo è necessario abbinarlo con altri alimenti. Essendo formato da un impasto facilmente lavorabile, il seitan viene utilizzato per preparare würstel, bistecche e cotolette – da aggiungere anche a verdure cotte, crude o a insalatone –, che si trovano con facilità sia nei supermercati sia nei negozi di prodotti biologici ed etnici.

TEMPEH

Arriva dall'Indonesia ed è il prodotto della fermentazione della soia gialla: a questa, precedentemente messa in ammollo e lessata, vengono mescolate le spore del *Rhizopus oligosporus*, un fungo che agisce in 24 ore, saldando tra loro i semi del legume. Il risultato è un ammasso di filamenti bianchi. Ricco di fibre e di vitamine, il tempeh è anche molto digeribile proprio per il processo di fermentazione.
Il suo sapore ricorda quello dei funghi e delle noci. Facilmente reperibile nei negozi etnici, ma anche nei supermercati più forniti, il tempeh può essere mangiato da solo, in accompagnamento a verdure cotte e crude, ma anche nelle insalate o come base per condire pasta e riso.

Le ricette

Insalata a strisce con alga dulse

TEMPO
20 minuti + 30 minuti di marinatura

DIFFICOLTÀ
bassa

INGREDIENTI
2 zucchine romane
2 carote
2 cetrioli piccoli
salsa di soia
il succo di 1/2 limone
4 cm di radice di zenzero fresca
2 cucchiai di alga dulse
2 cucchiai di semi di sesamo
olio

Tagliate le zucchine, le carote e i cetrioli a strisce sottilissime nel senso della lunghezza, servendovi di un pelapatate o di una mandolina.

Riunite le verdure in un'insalatiera e preparate il condimento: in una ciotolina mescolate 3 cucchiai d'olio, 2 cucchiai di salsa di soia, il succo del limone e il succo ottenuto dalla radice di zenzero (usate un estrattore di succhi o uno schiaccia-aglio).

Unite anche l'alga dulse precedentemente reidratata in acqua fresca per 10 minuti, ben strizzata e tritata grossolanamente.

Emulsionate con cura la salsa, aggiungete i semi di sesamo poi versatela sulle verdure.

Prima di servire, lasciate marinare in frigorifero per almeno 30 minuti, mescolando ogni tanto.

Insalata di taccole e germogli di ravanello

TEMPO
15 minuti

DIFFICOLTÀ
bassa

INGREDIENTI
200 g di taccole
50 g di rucola
6 ravanelli
2 cucchiai di germogli di ravanello
il succo di 1/2 limone
6 foglie di menta
gomasio
olio

Pulite le taccole eliminando i piccioli, tagliatele a metà e cuocetele a vapore per circa 8 minuti: dovranno rimanere croccanti e conservare un colore verde brillante.

Lasciatele raffreddare e nel frattempo preparate gli altri ingredienti: tritate grossolanamente la rucola e mettetela in un'insalatiera, affettate i ravanelli e aggiungeteli alla rucola. Se le foglie dei ravanelli sono fresche e tenere, tritatele e aggiungetele al resto.

Tagliate le taccole a fettine e unitele all'insalata insieme ai germogli.

Preparate un'emulsione con 3 cucchiai d'olio, il succo di limone, la menta tritata e un po' di gomasio, mescolate bene e condite l'insalata.

Spiedini di ciliegine rosse e bianche

TEMPO
20 minuti

DIFFICOLTÀ
bassa

Per il pesto sbucciate e togliete l'anima all'aglio e mettetelo nel contenitore per il frullatore a immersione insieme agli altri ingredienti: partite con gli elementi più solidi e aggiungete le foglie e i liquidi in successione. Azionate il frullatore a intermittenza. Attenzione al sale perché c'è abbastanza formaggio e unite una foglia di menta per volta perché deve rinfrescare, non coprire i sapori.

Per evitare che il pesto diventi scuro, tenete lame e contenitore in frigorifero per almeno un'ora prima di lavorare il pesto.

Mondate e lavate i pomodori e tagliateli a metà orizzontalmente. Fate sgocciolare le mozzarelline.

Salate il tutto e montate gli spiedini alternando pomodoro a mozzarella e terminando con basilico. Serviteli su un piatto da portata accompagnando con il pesto ai pistacchi e un giro di olio a crudo.

INGREDIENTI
36 pomodorini ciliegia
18 mozzarelline ciliegia
qualche foglia di basilico
olio
sale

PER IL PESTO
50 g di prezzemolo
50 g di basilico
qualche foglia di menta
2 spicchi d'aglio
60 g di pistacchi sgusciati
30 g di pinoli
30 g di grana grattugiato
il succo e la scorza grattugiata di 1/2 limone non trattato
180 ml di olio
sale

Sullo spiedino potete aggiungere anche cetrioli, cipolla rossa o faldine di peperone a piacere.

Lattuga con pomodori, ananas e arance

TEMPO
15 minuti

DIFFICOLTÀ
bassa

Mondate, lavate e spezzettate la lattuga, quindi suddividete le foglie nei piatti individuali. Lavate e tagliate a rondelle i pomodori e disponeteli sulla lattuga. Mondate l'ananas, tagliatelo a fette e suddividetelo nei piatti individuali irrorando con il succo di limone.

Sbucciate al vivo le arance, affettatele e sistematele di fianco all'ananas. Emulsionate l'olio con sale e pepe e irrorate l'insalata con la salsina ottenuta. Guarnite i piatti con l'erba cipollina tagliuzzata e servite.

INGREDIENTI
1 cuore di lattuga bianca
2 pomodori da insalata
1 ananas
3 arance rosse
il succo di 1 limone
8 steli di erba cipollina
2 cucchiai di olio
sale, pepe

Insalata estiva di quinoa

TEMPO
20 minuti

DIFFICOLTÀ
bassa

INGREDIENTI
200 g di quinoa
1 cucchiaino di curcuma
1 piccolo peperone corno di bue rosso
1 zucchina romana
1 carota
1/2 cetriolo
2 cucchiai di olive di Gaeta denocciolate
il succo di 1/2 limone
1 mazzetto di coriandolo
gomasio
olio
sale

Cuocete la quinoa mettendola in una pentola con acqua fredda pari al doppio del suo volume.

Portate a bollore, salate, aggiungete un cucchiaino di curcuma e lasciate cuocere per 10-15 minuti, fino a che tutta l'acqua non sarà stata assorbita. Condite con un filo di olio, mescolate e lasciate raffreddare.

In un'insalatiera unite le verdure: il peperone tagliato a metà, privato dei semi e filamenti interni e ridotto in fettine sottili, la zucchina, la carota e il cetriolo tagliati a julienne e le olive nere tritate.

Quando la quinoa si sarà raffreddata unitela alle verdure e condite con un'emulsione di olio e limone a cui avrete aggiunto anche il gomasio.

Tritate finemente il coriandolo, aggiungetelo all'insalata e servite.

Verdure croccanti

TEMPO
45 minuti

DIFFICOLTÀ
bassa

INGREDIENTI
1 melanzana
1 zucchina
1 carota
20 g di fagiolini
20 g di piselli
1 broccoletto
4 asparagi
1 barbabietola
1 cipolla
1 finocchio
sale, pepe in grani

PER LA VINAIGRETTE
foglie di basilico
aceto
olio
fior di sale

Sbollentate tutte le verdure e i legumi in una casseruola con acqua e 20 g di sale. Sgocciolatele quando sono ancora croccanti e fatele raffreddare in acqua e ghiaccio. Conservate l'acqua di cottura.

Per la vinaigrette emulsionate con una forchetta olio, aceto, basilico tritato e fior di sale.

Affettate sottilmente tutte le verdure e distribuitele nei piatti creando una composizione armonica.

Condite il tutto con la vinaigrette e completate con pepe appena macinato.

Insalata di patatine

TEMPO
50 minuti

DIFFICOLTÀ
bassa

Lavate con cura le patatine, spazzolandole sotto l'acqua corrente, senza sbucciarle. Cuocetele a vapore, o bollitele, finché non saranno morbide. Sbucciatele, tagliatele a fette e mettetele nell'insalatiera.

Lavate, asciugate e tagliate a spicchi i pomodorini e disponeteli sulle patate. Lavate e asciugate bene il crescione, eliminate i gambi e mescolate le foglie a patate e pomodorini.

In una ciotolina stemperate lo yogurt con il succo di limone, l'olio e la senape. Versate il condimento sulle verdure, mescolate e lasciate riposare per qualche istante prima di servire.

INGREDIENTI
400 g di patatine novelle
300 g di pomodorini
1 mazzetto di crescione (o rucola)
6 cl di yogurt
2 cl di succo di limone
4 cl di olio
2 cl di senape

Insalata marinata di cavolo cappuccio

TEMPO
15 minuti + 1 ora di marinatura

DIFFICOLTÀ
bassa

INGREDIENTI
1/4 di cavolo cappuccio rosso
1/4 di cavolo cappuccio bianco
1 radice di topinambur da 5-6 cm
1 cucchiaio di aceto di mele
2 cucchiaini di cumino in polvere
1 cm di radice di zenzero
3 cucchiai di olio
sale alle erbe

Affettate i cavoli molto finemente, se possibile servendovi di una mandolina.

Spazzolate con molta cura la radice di topinambur sotto l'acqua, per eliminare la terra residua, e grattugiatela con una grattugia a buchi larghi. Preparate un'emulsione con 3 cucchiai di olio, un cucchiaio di aceto di mele, il cumino, il sale alle erbe e la radice di zenzero sbucciata e grattugiata.

Emulsionate bene la salsa e versatela sul cavolo cappuccio e il topinambur in una ciotola di vetro.

Mescolate bene e lasciate marinare per almeno un'ora, mescolando ancora dopo 30 minuti.

Se vi piace, unite anche uno spicchio d'aglio tritato.

Asparagi e funghi con noci e balsamico

TEMPO
40 minuti

DIFFICOLTÀ
bassa

INGREDIENTI
PER 2 PERSONE
1 mazzo di asparagi bianchi
10 champignon
16 noci
aceto balsamico
olio
sale, pepe

Spuntate gli asparagi, eliminando la parte più dura dei gambi, quindi raschiate la parte bianca.

Lavateli, legateli a mazzo, immergeteli in abbondante acqua bollente salata, in modo che le punte rimangano fuori, tutte alla stessa altezza, e lessateli (serviranno circa 15 minuti). Scolateli e tagliateli a tocchetti tenendo da parte le punte, che potrete lasciare intere, se sono piccole, o affettare longitudinalmente.

Sgusciate le noci mantenendo intatti i gherigli.

Pulite gli champignon con uno strofinaccio umido, senza lavarli, e affettateli a velo per il lungo. Sistemate tutti gli ingredienti in un'insalatiera. Emulsionate l'aceto balsamico con sale, pepe e olio, irrorate l'insalata con il condimento e servite.

Cavolfiore con mandorle al balsamico

TEMPO
20 minuti

DIFFICOLTÀ
bassa

Mondate il cavolfiore, ricavate le cimette, lavatele sotto l'acqua corrente e tagliatele a fettine abbastanza sottili.

Fate tostare le lamelle di mandorle per pochi minuti nel forno già caldo a 150 °C o in un tegame antiaderente a fuoco alto.

Trasferite le cimette di cavolfiore in un'insalatiera capiente, irroratele con un'emulsione di aceto, succo di limone, sale e olio.

Cospargete con le mandorle, mescolate e servite.

INGREDIENTI
250 g di cavolfiore
30 g di mandorle a lamelle
2 cucchiaini di aceto balsamico
1 cucchiaio di succo di limone
2 cucchiai di olio
sale

Caesar salad nei peperoni

TEMPO
35 minuti

DIFFICOLTÀ
media

Private le fette di pane della crosta e tagliatele poi a dadini di circa un centimetro di lato.

Riempite di acqua un pentolino e portatela a bollore.

Pulite e mondate i peperoni, tagliando la calotta superiore ed eliminando semi e filamenti.

Con la punta di un coltello tagliate al centro ogni peperone, creando occhi, naso e bocca.

Nel frattempo, scaldate 3-4 cucchiai di olio in una padella, unite l'aglio e i dadini di pane, mescolando, per 4-5 minuti. Eliminate l'aglio, prelevate i crostini dalla padella e posateli su carta assorbente da cucina.

Fate cuocere l'uovo nel pentolino di acqua bollente per un minuto, quindi toglietelo dall'acqua e tenetelo da parte. Lavate, asciugate le foglie di lattuga e spezzettatele, raccogliendole in un'insalatiera.

Per il condimento, mescolate in una ciotolina olio e il succo di limone, salate e pepate, sgusciatevi sopra l'uovo e incorporatelo al condimento. Versate il tutto sulla lattuga, quindi aggiungete i crostini, le scaglie di grana e mescolate bene il composto.

Riempite ciascun peperone con un po' di insalata e disponeteli su un vassoio.

INGREDIENTI PER 10 PERSONE
10 piccoli peperoni misti
3 cuori di lattuga romana
2 spicchi d'aglio
7 fette di pane casereccio
1 uovo
100 g di grana a scaglie
il succo di 1 limone
olio
sale, pepe

Carpaccio di zucchine ai pomodori

TEMPO
30 minuti

DIFFICOLTÀ
bassa

INGREDIENTI
2 zucchine
4 pomodori ramati
150 g di quartirolo
capperi sotto sale
20 olive greche denocciolate
erba cipollina
menta
timo
2 cucchiai di olio
sale

Affettate le zucchine nel senso della lunghezza con un pelapatate. Tuffate le strisce ottenute, poche per volta, in acqua bollente leggermente salata e scottatele per pochi secondi. Scolatele, fermate la cottura in acqua fredda e sistematele su un canovaccio ad asciugare.

Lavate e asciugate i pomodori e tagliate ognuno in 8 spicchi. Riducete il quartirolo a dadini.

Dissalate qualche cappero sotto l'acqua fredda corrente, riducete le olive a pezzetti e mescolateli accuratamente in una terrina con qualche stelo di erba cipollina tagliuzzato, delle foglie di menta e di timo tritate finemente, poco sale e l'olio.

Disponete nei singoli piatti i nastri di zucchine, gli spicchi di pomodoro e il quartirolo, irrorate il tutto con il condimento e servite.

Cuori di palma e sedano alle spezie

TEMPO
30 minuti

DIFFICOLTÀ
bassa

INGREDIENTI
1 confezione di cuori di palma al naturale
8 coste di sedano con le foglie
150 g di germogli di soia

PER CONDIRE
zenzero grattugiato
cumino
prezzemolo
5 cucchiai di succo di limone
1 manciata di semi di girasole
olio
sale, pepe

Eliminate i filamenti del sedano, tenete da parte le foglie e tagliate metà delle coste a bastoncini e metà a rondelle.

Mettete il sedano nell'insalatiera. Sgocciolate i cuori di palma, sciacquateli, asciugateli, affettateli e aggiungeteli al sedano.

Sbollentate per un minuto i germogli di soia. Scolateli, asciugateli e uniteli agli altri ingredienti. Tritate il prezzemolo e metà delle foglie del sedano. Bagnate il trito con olio e aggiungete sale, pepe, il succo di limone, un pizzico di zenzero e uno di cumino; condite la verdura con l'emulsione ottenuta.

Al momento di portare in tavola, cospargete con i semi di girasole.

Finocchi con carciofi, grana e mela

TEMPO
30 minuti

DIFFICOLTÀ
bassa

Affettate i finocchi a spicchi sottilissimi. Mondate i carciofi, eliminando le foglie esterne, le spine e il fieno interno.

Affettateli finissimi e tuffateli in acqua acidulata con il succo di mezzo limone. Tagliate a cubetti la mela.

Emulsionate il succo di limone restante con la senape, sale, pepe e olio. Riunite gli ingredienti in un'insalatiera, irrorate con la salsina e mescolate. Aggiungete il grana a scaglie solo al momento di servire.

INGREDIENTI
2 finocchi
4 carciofi
il succo di 1 limone
1 mela Granny Smith
1 cucchiaio di senape in crema
70 g di grana a scaglie
olio
sale, pepe

Insalata di arance e finocchi

TEMPO
30 minuti

DIFFICOLTÀ
bassa

INGREDIENTI
4 arance rosse
2 finocchi piccoli
2 cipolle rosse (facoltative)
1 rametto di menta
olio
sale, pepe in grani

Pelate al vivo le arance, dividendole a spicchi e privandole della pellicina trasparente che le riveste. Raccogliete in una ciotola il succo che uscirà durante l'operazione.

Mondate i finocchi, privandoli delle parti più dure, lavateli, asciugateli e tagliateli a listarelle sottili. Tagliate a rondelle sottili le cipolle, se volete aggiungerle.

Raccogliete gli ingredienti preparati in una ciotola, unite le foglioline di menta lavate e spezzettate, un pizzico di sale e uno di pepe.

Con una forchetta mescolate il succo delle arance con 5 cucchiai di olio e condite l'insalata con l'emulsione preparata. Servite subito.

Insalata di patate e barbabietole

TEMPO
40 minuti

DIFFICOLTÀ
bassa

Lessate le patate, senza sbucciarle, in abbondante acqua bollente salata. Scolatele, sbucciatele, fatele raffreddare e tagliatele a cubetti abbastanza piccoli.

Tagliate a cubetti anche le barbabietole e trasferitele in un'insalatiera assieme alle patate.

Aggiungete prezzemolo e l'aglio finemente tritati, quindi condite con l'olio, sale, pepe e aceto. Mescolate bene e guarnite l'insalata con del basilico sminuzzato.

INGREDIENTI
400 g di patate
2 barbietole lessate
1 ciuffo di prezzemolo
1 spicchio d'aglio
aceto di vino rosso
basilico
3 cucchiai di olio
sale, pepe

Insalata con frutta

TEMPO
20 minuti

DIFFICOLTÀ
bassa

INGREDIENTI
1 cespo di insalata Iceberg
2 kiwi
100 g di mirtilli
1 cetriolo
2 pomodori
2 carote
125 g di yogurt naturale intero
olio
sale, pepe

Mondate l'insalata, lavatela e spezzettate le foglie. Lavate i mirtilli.

Sbucciate i kiwi e tagliateli a rondelle. Lavate il cetriolo e tagliatelo a rondelle senza sbucciarlo. Lavate i pomodori e tagliateli a spicchi.

Raschiate e tagliate a rondelle le carote.

Unite la frutta e la verdura in un'insalatiera, condite con un filo di olio, sale e pepe. Amalgamate lo yogurt con i mirtilli e versatelo sopra l'insalata. Mescolate e servite.

Spaghetti di zucchine al pomodoro

TEMPO
20 minuti + 30 minuti di riposo

DIFFICOLTÀ
bassa

Lavate bene le zucchine, affettatele per il lungo con la mandolina e infine tagliatele con il coltello: dovete ottenere delle striscioline sottili simili a spaghetti, lunghe quanto la zucchina da cui sono state ricavate.

Mettete le zucchine in uno scolapasta, cospargetele di sale e lasciatele riposare per 30 minuti.

Nel frattempo lavate il pomodoro e tagliate la polpa in una dadolata. Frullatela con l'aglio, un filo d'olio e qualche foglia di basilico. Aggiungete sale, pepe e mescolate.

INGREDIENTI PER 2 PERSONE
2 zucchine
1 pomodoro grosso e maturo
foglie di basilico
1/2 spicchio d'aglio
olio
sale, pepe

Insalata nel carciofo

TEMPO
45 minuti

DIFFICOLTÀ
bassa

INGREDIENTI
4 carciofi romani
50 g di spinaci
100 g di songino
1 pomodoro
2 carote
succo di limone
1 limone non trattato
olio
sale

Eliminate i gambi dei carciofi, poi togliete le foglie esterne più dure e quelle che sono rimaste attaccate alla base. Tagliate i carciofi in modo da separare in modo netto la base dalle foglie.

In un pentolino portate a bollore 5 dl di acqua, sbollentatevi per 3 minuti le basi dei carciofi, poi scolatele e tenetele da parte.

Pulite e lavate gli spinaci, scottateli in una padella antiaderente per 5 minuti con un filo di olio e togliete dal fuoco.

Lavate il songino, lavate e affettate il pomodoro e poneteli in una ciotola. Aggiungete le carote sbucciate e tagliate a julienne e gli spinaci e condite il tutto con olio, sale e il succo di mezzo limone.

Sistemate su ogni piatto la base di un carciofo, aggiungete su ognuna una fettina sottile di limone, riempite con l'insalata e servite.

Insalata con semi e germogli

TEMPO
15 minuti

DIFFICOLTÀ
bassa

INGREDIENTI
500 g di germogli misti a piacere (soia, grano, lenticchie, erba medica, senape, sesamo)
1 manciata di semi di girasole
1 manciata di semi di senape
1 barbabietola rossa lessata
il succo di 1 limone
foglie di menta
olio
sale

Lavate bene i germogli e raccoglieteli in un'insalatiera.

Tagliate a fette la barbabietola, poi riducetela a dadini e versatela nell'insalatiera. Lavate bene la menta, tritatela e unitela al succo di limone.

Tostate i semi di senape in padella o nel forno.

Condite l'insalata con olio e sale; aggiungete il succo di limone con la menta, i semi di senape tostati e i semi di girasole.

Mescolate bene il tutto e servite.

Insalata di alghe e germogli di soia

TEMPO
10 minuti

DIFFICOLTÀ
bassa

Unite in un'insalatiera i germogli, il cetriolo tagliato a pezzetti, i semi di sesamo e di lino, le alghe.

Mescolate e condite con il succo di limone, l'aceto e un filo d'olio. Salate leggermente e mescolate ancora.

Servite subito.

INGREDIENTI
- 4 cucchiai di alghe dulse in fiocchi
- 250 g di germogli di soia
- 1 cetriolo
- 3 cucchiai di semi di sesamo
- 1 cucchiaio di semi di lino
- il succo di 1 limone
- 1 cucchiaio di aceto di mele
- olio
- sale integrale

Insalata di lenticchie verdi, ceci e ravanelli

TEMPO
3-4 ore + 12-24 ore di ammollo

DIFFICOLTÀ
bassa

INGREDIENTI
100 g di lenticchie verdi secche
100 g di ceci secchi
100 g di ravanelli
foglioline di menta
olio
sale, pepe

PER LA VINAIGRETTE
2 cucchiai di senape
il succo di 1/2 limone
olio
sale, pepe

Ponete i ceci in ammollo per 12-24 ore, cambiando l'acqua 2-3 volte. Sciacquateli, copriteli di acqua fredda non salata, portate a bollore e fateli cuocere per 3-4 ore, finché non saranno morbidi, ma sodi.

Nel frattempo lessate anche le lenticchie, senza porle in ammollo e in acqua non salata, facendole cuocere per circa un'ora.
In alternativa potete usare la pentola a pressione, ricoprendo i legumi completamente d'acqua: per i ceci il tempo di cottura si riduce a circa 30 minuti, mentre per le lenticchie a 15 minuti (se volete risparmiare ancora più tempo potete anche utilizzare legumi in scatola già cotti, dopo averli scolati).

Dopo la cottura fate raffreddare i legumi, poneteli in una terrina insieme con i ravanelli mondati e tagliati a spicchi, condite con un filo d'olio, sale, pepe e con foglie di menta spezzettate, quindi mescolate con cura.

Per la vinaigrette mescolate un po' di sale e un pizzico di pepe al succo di limone e olio. Mescolate e incorporate la senape, amalgamando con cura.

Carote con mais e valerianella

TEMPO
15 minuti

DIFFICOLTÀ
bassa

Scolate e sciacquate le pannocchiette, poi tagliatele a metà longitudinalmente. Raccoglietele in un'insalatiera con la valerianella pulita a foglie intere.

Mondate le carote e tagliatele con il pelapatate per ottenere delle sfoglie sottili; aggiungetele all'insalata. Condite con sale, pepe, il succo di limone, olio e del prezzemolo tritato.

INGREDIENTI
5 carote
10 pannocchiette di mais al naturale
200 g di valerianella
il succo di 1/2 limone
prezzemolo
olio
sale, pepe

Insalata di carote e anacardi

TEMPO
40 minuti

DIFFICOLTÀ
media

INGREDIENTI
1 carota
60 g di anacardi
1 cipolla
2 coste di sedano
1/4 di cavolo bianco
prezzemolo
1/2 cucchiaio di semi di papavero
4 cl di aceto di vino bianco
8 cl di olio di semi di sesamo
sale, pepe

Mondate e grattugiate la carota. Mondate e sminuzzate la cipolla, il sedano e il cavolo. Sistemate le verdure in un recipiente, aggiungete del prezzemolo in foglie e regolate di sale e pepe.

In una pentola con il coperchio scaldate l'olio di semi di sesamo, quindi aggiungete i semi di papavero e coprite. Lasciate cuocere a fuoco medio-alto finché i semi non cominciano a scoppiettare. Togliete la pentola dal fuoco e lasciate raffreddare.

Cospargete la superficie di una teglia con gli anacardi, metteteli sotto il grill del forno a 180 °C, fateli tostare leggermente e metteteli da parte. Unite l'aceto ai semi di papavero e versate il condimento sulle verdure. Aggiungete gli anacardi tostati e mescolate bene.

Guarnite l'insalata con altro prezzemolo in foglie e servite subito.

Insalata di patate, verdure e formaggi

TEMPO
50 minuti

DIFFICOLTÀ
media

Sbucciate le patate e lessatele in abbondante acqua salata; cuocete allo stesso modo, separatamente, le carote, le zucchine, gli spinaci e il cavolfiore. Scolate tutte le verdure al dente e tagliatele a cubetti mentre sono ancora calde; trasferitele in una capace insalatiera.

Tagliate a cubetti i formaggi e uniteli alle verdure ancora tiepide, mescolando con cura. Unite il basilico spezzettato.

In una ciotola sbattete il tuorlo ed emulsionatelo con l'olio versato a filo; insaporite con il succo di limone, sale e pepe.

Versate la salsa sull'insalata, mescolate e servite.

INGREDIENTI
2 patate
2 carote
2 zucchine
150 g di spinaci
1 cavolfiore
70 g di groviera
70 g di fontina
70 g di emmental
foglie di basilico
1 tuorlo
il succo di 1 limone
1/2 bicchiere di olio
sale, pepe

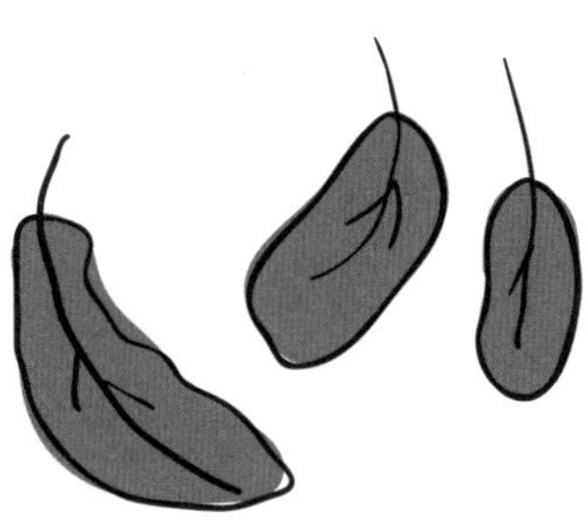

Insalata croccante con fiori

TEMPO
30 minuti

DIFFICOLTÀ
bassa

INGREDIENTI
300 g di carote
300 g di sedano rapa
il succo di 1 limone
2 finocchi
1 mazzetto di ravanelli
2 coste di sedano
100 g di germogli di soia
fiori commestibili non trattati
prezzemolo
erba cipollina
olio
sale

Raschiate le carote sotto l'acqua corrente e asciugatele.

Lavate il sedano rapa, sbucciatelo e spruzzatelo con un po' di succo di limone. Grattugiate con la grattugia a fori grossi le carote e il sedano rapa.

Mondate e lavate i finocchi e i ravanelli, tagliate i primi a bastoncini e i secondi a rondelle sottili. Pulite e tagliate il sedano a tocchetti e tritate le foglie più tenere.

Sistemate le verdure in un'insalatiera e mescolatele con i germogli di soia, precedentemente sciacquati sotto l'acqua fredda corrente e scolati, i fiori, il prezzemolo tritato e l'erba cipollina tagliuzzata.

Emulsionate il succo di limone rimasto con un filo di olio e un pizzico di sale, versate sull'insalata e mescolate bene prima di servire.

Insalata di avocado al lime

TEMPO
20 minuti

DIFFICOLTÀ
bassa

Mondate e lavate la lattuga, spezzettate le foglie e disponetele in un'insalatiera. Lavate i pomodori, affettateli e uniteli all'insalata. Unite anche le mandorle, dopo averle tagliate a lamelle.

Sbucciate gli avocado, eliminate il nocciolo e tagliate la polpa a cubetti; immergete i cubetti in poca acqua con succo di limone per evitare che si anneriscano, scolateli e versateli nell'insalatiera.

Per condire mescolate insieme l'olio, il succo di lime, il prezzemolo tritato, un pizzico di sale e uno di pepe; condite l'insalata con il preparato, mescolate bene e servite.

INGREDIENTI
2 avocado
80 g di lattuga
4 pomodori
40 g di mandorle
il succo di 1 limone

PER CONDIRE
4 cucchiai di succo di lime
1 ciuffo di prezzemolo
4 cucchiai di olio
sale, pepe

Insalata di spinaci, funghi e gorgonzola

TEMPO
15 minuti

DIFFICOLTÀ
bassa

INGREDIENTI
400 g di spinaci novelli
150 g di champignon
60 g di gorgonzola
1 cipolla rossa
1 spicchio d'aglio
timo
aceto di vino bianco
olio
sale, pepe bianco

Mondate gli spinaci, lavateli e spezzettateli con le mani.

Pulite i funghi, passateli velocemente sotto l'acqua corrente, asciugateli e tagliateli a fettine. Mondate e tagliate la cipolla ad anelli e sbriciolate il gorgonzola.

In un'insalatiera mettete gli spinaci, i funghi, la cipolla e il formaggio. Emulsionate in una scodellina un filo di olio, aceto, l'aglio tritato, qualche fogliolina di timo, sale e pepe. Condite l'insalata con l'emulsione ottenuta.

Mescolate e servite subito.

Insalata di pomodori freschi e secchi

TEMPO
20 minuti

DIFFICOLTÀ
bassa

Lavate e affettate i pomodori freschi; tagliate a striscioline quelli secchi e spezzettate la rucola dopo averla mondata e lavata. Tostate i pinoli in una padella per qualche minuto.

Raccogliete in un'insalatiera i due tipi di pomodori, la rucola e i pinoli; condite l'insalata con olio, sale, pepe e con una spruzzata di succo di limone.

INGREDIENTI
4 pomodori grandi
10 pomodori secchi
1 mazzetto di rucola
5 cucchiai di pinoli
succo di limone
olio
sale, pepe

Insalata marocchina

TEMPO
1 ora e 30 minuti

DIFFICOLTÀ
media

INGREDIENTI
- 4 carote
- 4 zucchine
- 100 g di piselli sgranati
- 100 g di fave sgranate
- 1 peperone
- 2 melanzane
- semi di cumino
- 1 spicchio d'aglio
- 2 ciuffi di prezzemolo
- foglie di lattuga
- 100 g di olive nere
- il succo di 1 limone
- 4 cucchiai di olio
- sale

Mondate e lavate le verdure. Tagliate a rondelle carote e zucchine e lessatele al dente, separatamente, in acqua bollente salata. Lessate, sempre separatamente, i piselli e le fave.

Tagliate a striscioline il peperone e fatelo cuocere in una padella, a fuoco moderato, con un cucchiaio di olio.

Tagliate a metà le melanzane, incidetele con tagli a griglia e cuocetele per circa 15 minuti nel forno già caldo a 200 °C. Ricavate la polpa, tritatela e cuocetela in una padella per 10 minuti a fuoco moderato con un cucchiaio di olio, un pizzico di semi di cumino, un trito d'aglio e prezzemolo in uguale quantità e un pizzico di sale.

Disponete delle foglie di lattuga in un piatto da portata e usatele come contenitori per le verdure e i legumi lessati, la crema di melanzane e le olive, tenendo tutto separato.

Emulsionate il succo di limone con l'olio restante, salate e unite il prezzemolo tritato rimasto e un pizzico di cumino; condite con questa salsina le verdure cotte e i legumi e servite.

Insalata di zucchine, cetrioli e feta con yogurt

TEMPO
20 minuti

DIFFICOLTÀ
bassa

INGREDIENTI
2 zucchine
1 cetriolo
150 g di feta
125 g di yogurt al naturale
300 g di pomodori ciliegia
1 cipolla
olive nere denocciolate
prezzemolo
olio
sale, pepe

Lavate il cetriolo e le zucchine senza sbucciarli e tagliateli a rondelle sottili; lavate i pomodorini e tagliateli a spicchi.

Mondate e tagliate a rondelle la cipolla, tagliate la feta a dadini e unite tutte le verdure e i dadini di feta in un'insalatiera.

Aggiungete le olive e insaporite con prezzemolo tritato. Emulsionate lo yogurt con un filo di olio, sale e pepe.

Versate sopra l'insalata l'emulsione allo yogurt, mescolate e servite.

Insalata tropicale

TEMPO
30 minuti

DIFFICOLTÀ
media

Rassodate in acqua bollente le uova per 8 minuti, poi mettetele sotto l'acqua fredda corrente e sgusciatele. Sgocciolate i cuori di palma, tagliateli a rondelle e metteteli in un'insalatiera.

Mondate, lavate e tagliate a rondelle l'indivia; tagliate a bastoncini l'emmental, a fette le uova sode e metteteli nell'insalatiera.

Emulsionate in una scodella un filo di olio, aceto, sale e pepe. Condite l'insalata con l'emulsione ottenuta. Completate con palline di avocado ottenute con l'aiuto di uno scavino.

Mescolate delicatamente e servite.

INGREDIENTI
200 g di cuori di palma
1 avocado
2 uova
3 cespi di indivia belga
100 g di emmental
aceto
olio
sale, pepe

Taboulé

TEMPO
1 ora + 1 ora e 30 minuti di riposo

DIFFICOLTÀ
media

INGREDIENTI
300 g di burgul fine
6 pomodori maturi
1 cetriolo
1 cipolla
1 mazzetto di prezzemolo
6 foglie di menta fresca
il succo di 1 limone
olio
sale, pepe

Mondate e lavate tutte le verdure. Coprite il burgul con mezzo litro di acqua bollente e lasciatelo riposare per mezz'ora, in modo che si gonfi.

Nel frattempo tagliate i pomodori e il cetriolo a pezzetti, la cipolla a fette sottili e tritate il prezzemolo.

Quando il burgul è gonfio, versatelo in un colino e premete sulla superficie con la mano per eliminare quanta più acqua possibile.

Mettetelo in un piatto profondo, aggiungete i pomodori, il cetriolo, la cipolla, il prezzemolo e la menta, il succo del limone, l'olio, sale e pepe. Mescolate bene e lasciate al fresco in frigorifero per almeno un'ora prima di servire.

La ricetta può essere realizzata anche sostituendo il burgul con il cuscus.

Una variante gustosa si ottiene aggiungendo listarelle di peperone giallo, ceci e piselli lessati, uova sode tagliate a spicchi.

Indivia e rucola con fiori

TEMPO
15 minuti

DIFFICOLTÀ
bassa

INGREDIENTI
1 cespo di indivia riccia
200 g di rucola
10-12 fiori di primula non trattati o altri fiori commestibili
2 carote
150 g di germogli di soia precotti
aceto di mele
olio
sale

Mondate indivia e rucola, spezzettatele e riunitele in un'insalatiera.

Aggiungete poi le carote, raschiate e tagliate a rondelle o a cubetti, e i germogli di soia sciacquati e sgocciolati.

Condite con sale, una spruzzata di aceto, un filo di olio e mescolate.

Completate con i fiori passati velocemente sotto l'acqua corrente e tamponati delicatamente con uno strofinaccio, quindi servite.

Mele, sedano, noci e formaggio

TEMPO
30 minuti

DIFFICOLTÀ
bassa

INGREDIENTI
3 mele verdi
2 coste di sedano
40 g di gherigli di noce
150 g di emmental
il succo di 1/2 limone

PER CONDIRE
1 cucchiaio di aceto di mele
2 cucchiai di olio
sale, pepe

Sbucciate le mele, privatele del torsolo, tagliatele a pezzetti e spruzzatele subito con il succo di limone affinché non si anneriscano. Lavate e mondate il sedano e tagliatelo a julienne. Tagliate il formaggio a cubetti.

Riunite gli ingredienti nell'insalatiera insieme con i gherigli grossolanamente tritati.

Per condire emulsionate l'aceto con l'olio, sale e pepe. Irrorate l'insalata, lasciatela insaporire per qualche minuto e servitela.

Pomodoro, belga, agrumi e mele

TEMPO
30 minuti

DIFFICOLTÀ
bassa

Mondate l'indivia, lavatela, asciugatela e tagliatela a listarelle. Trasferitela nell'insalatiera insieme con il pomodoro affettato a velo, l'arancia sbucciata al vivo e tagliata a rondelle, gli spicchi del pompelmo, la mela sbucciata e tagliata a cubetti.

Spezzettate l'erba cipollina e spargetela sull'insalata.

Per condire emulsionate il succo di limone con un pizzico di zucchero, un pizzico di sale e dell'olio. Irrorate l'insalata e servitela.

INGREDIENTI
1 pomodoro maturo ma sodo
1 cespo di indivia belga
1 arancia
1/2 pompelmo rosa
1 mela verde
erba cipollina

PER CONDIRE
2 cucchiai di succo di limone
zucchero
olio
sale

Insalata di fragole, soia e formaggio

TEMPO
20 minuti

DIFFICOLTÀ
bassa

INGREDIENTI
250 g di fragole
6 cucchiai di germogli di soia
150 g di formaggio fresco in fiocchi
6 foglie di lattuga romana di medie dimensioni
1 cucchiaio di menta tritata
1 cucchiaino di zucchero a velo
1 cucchiaio di aceto balsamico
1 cucchiaio di olio
pepe

Mondate le fragole, lavatele e stendetele su un canovaccio ad asciugare.

Lasciate intere le più piccole e tagliate a metà o in quarti le più grosse e trasferitele tutte in una ciotola. Emulsionate l'aceto con l'olio, la menta e lo zucchero a velo e irrorate le fragole mescolandole con delicatezza.

Tenete al fresco fino al momento di servire. Preparate i piatti individuali adagiando su ciascuno di essi una foglia di lattuga, nelle quali distribuirete le fragole.

Distribuite anche il formaggio e i germogli di soia, completate con una macinata di pepe e servite.

Un orto di radici

TEMPO
4 ore

DIFFICOLTÀ
media

Appassite l'aglio in poco olio, unite tutti i funghi puliti e rinvenuti in acqua e, una volta cotti, aggiungete l'acqua filtrata dei funghi; fate bollire pochi minuti, salate, frullate e passate al setaccio. Unite la xantana e frullate.

Stendete il tutto su carta da forno. Infornate a 120 °C per 30 minuti e frullate per ridurre in polvere.

Lessate le lenticchie in acqua e sale, scolatele e ponetele in forno a 100 °C per 2 ore. Ricavate dalle carote 4 bastoncini lunghi 4 cm e spessi 2 millimetri. Passate le restanti carote alla centrifuga, salate e modellate con la polpa 4 carote con all'interno un bastoncino di carota.

Bollite il succo di carota con sale e gellan, immergetevi un istante le carote e scolatele.

Lavate il sedano rapa, cuocetelo in forno a 200 °C coperto di sale grosso, che eliminerete.

Pulite e cuocete sottovuoto in forno a vapore con acqua e sale la rapa bianca, a spicchi, con lo zenzero, la rapa rossa, a fette, con l'origano e le cipolline con l'aceto. Mondate i ravanelli e cuoceteli sottovuoto in acqua e sale. Fate lo stesso con il daikon affettato. Unite porcini ridotti in polvere, il timo e salate per simulare la terra.

Disponetene uno strato sul piatto e aggiungete le lenticchie essiccate, che saranno i sassolini.

Sopra disponete le verdure e condite con olio.

INGREDIENTI
80 g di carote
40 g di sedano rapa
40 g di rapa bianca
40 g di rape rosse
40 g di cipolline
40 g di ravanelli
40 g di daikon
3 g di timo essiccato
10 g di champignon secchi
5 g di porcini secchi
2 g d'aglio
3 g di xantana
3 g di gellan
10 g di lenticchie secche
30 g di pangrattato
1 g di zenzero
3 g di origano
10 ml di aceto
olio
sale fino e grosso

Insalata di lenticchie con verdure e papaia

TEMPO
40 minuti + 9 ore di ammollo

DIFFICOLTÀ
bassa

INGREDIENTI
400 g di lenticchie secche
2 carote
1 zucchina
2 coste di sedano
1/2 papaia
1 cipollotto
prezzemolo
olio
sale, pepe

Mettete in ammollo le lenticchie in acqua fredda la sera prima della preparazione. L'indomani ponetele a cuocere in abbondante acqua salata per circa 20 minuti e spegnete il fuoco quando risulteranno ancora croccanti. Scolatele bene e lasciatele intiepidire.

Nel frattempo lavate e mondate il sedano, le carote e la zucchina, quindi tagliateli a tocchetti. Poi tagliate per il lungo il cipollotto a listarelle sottilissime e tritate un po' di prezzemolo.

In una padella ponete 4 cucchiai di olio e fate appassire il cipollotto con le carote, la zucchina e il sedano per 6-7 minuti.

Regolate di sale e spegnete il fuoco. Sbucciate e tagliate la papaia a tocchetti; unite tutte le verdure e la papaia alle lenticchie, aggiungendo sale e pepe a piacere. Mescolate bene e servite l'insalata di lenticchie tiepida o fredda.

Radicchio con ananas e finocchio al balsamico

TEMPO
30 minuti

DIFFICOLTÀ
bassa

INGREDIENTI
200 g di radicchio
1/2 finocchio
3 fette di ananas
1 cucchiaio di aceto balsamico
3 cucchiai di olio
sale, pepe

Mondate il radicchio, lavatelo, asciugatelo bene, spezzettatelo e ponetelo in un'insalatiera.

Affettate il finocchio e aggiungetelo all'insalata. Tagliate a cubetti l'ananas e unitelo agli altri ingredienti.

Condite con una vinaigrette ottenuta emulsionando l'olio con l'aceto, un pizzico di sale e uno di pepe. Mescolate e servite subito.

Songino con lattuga e radicchio al curry

TEMPO
20 minuti

DIFFICOLTÀ
bassa

Per condire fate bollire in un pentolino le uova per 8 minuti. Sciacquatele sotto l'acqua fredda corrente, scolatele e lasciatele raffreddare. Sgusciate le uova e in una scodella schiacciate i tuorli con una forchetta; amalgamateli con un po' di aceto, abbondante olio e il curry; salate e pepate.

Mondate tutte le verdure. Sistemate il songino, la lattuga, il radicchio e la rucola in un'insalatiera.

Tagliate le carote e il peperone a listarelle, i pomodorini a spicchi e uniteli all'insalata.

Irrorate l'insalata con il condimento, mescolate e servite.

INGREDIENTI
100 g di songino
100 g di lattuga
1 cespo di radicchio rosso
50 g di rucola
2 carote
1/2 peperone giallo
4-5 pomodori ciliegia

PER CONDIRE
10 g di curry
2 uova
aceto di vino bianco
olio
sale, pepe

Caprese scomposta

TEMPO
15 minuti

DIFFICOLTÀ
bassa

Mondate, lavate, asciugate e tagliate a piccoli cubetti i pomodori.

Affettate la mozzarella, quindi frullatela con un filo di olio fino a ottenere una spuma.

Lavate la rucola, tenetene da parte alcune foglie per guarnire e frullate il resto con un filo di olio, una manciata di pinoli, sale e pepe.

Disponete nei singoli bicchierini uno strato di pomodori, poi uno di spuma di mozzarella e coprite quest'ultima con il pesto di rucola.

Terminate guarnendo con le foglioline di rucola.

INGREDIENTI
4 pomodori maturi
300 g di mozzarella
1 mazzetto di rucola
pinoli
olio
sale, pepe

Insalata croccante di zucca, cavolo nero e ceci

TEMPO
30 minuti

DIFFICOLTÀ
bassa

INGREDIENTI

PER L'INSALATA
2 fette di zucca
1 cavolo nero
300 g di ceci cotti
4 cucchiai di semi di zucca
3 cucchiai di semi di girasole
2 cucchiai di sesamo
1 cucchiaino di cannella in polvere
1 cucchiaino di paprica affumicata
olio
sale

PER LA SALSA
1 spicchio d'aglio
1 pizzico di chiodi di garofano in polvere
1 pizzico di cumino in polvere
1 pizzico di peperoncino in polvere
il succo di 1/2 limone
3 cucchiai olio
sale

Per l'insalata preriscaldate il forno a 220 °C, in una teglia, mettete la zucca a cubetti, un giro di olio, una spolverata di cannella, in una seconda teglia i ceci passati in un filo di olio e paprica.

Lasciate cuocere sino a doratura, mescolando ogni tanto.

Lavate e rompete grossolanamente il cavolo nero, strappandolo via dalla costola coriacea.

Tamponatelo bene e mettetelo in una ciotola, conditelo con olio e sale e lasciate riposare qualche minuto.

Tostate leggermente i semi in un padellino antiaderente senza condimenti.

Per la salsa emulsionate tutti gli ingredienti insieme, unite l'aglio grattugiato e regolate di sapore.

Unite il cavolo, la zucca, i ceci e spolverizzate con i semi croccanti e il sesamo e condite con la salsa.

Melone, cetrioli, fontina e yogurt greco

TEMPO
45 minuti + 30 minuti di riposo

DIFFICOLTÀ
bassa

INGREDIENTI
1 melone non troppo maturo
2 cetrioli
100 g di fontina

PER CONDIRE
1 uovo
125 g di yogurt greco
maionese (pag. 12)
sale, pepe

Sbucciate i cetrioli, tagliateli a dadini, salateli e metteteli a perdere l'acqua di vegetazione per 30 minuti, poi sciacquateli e asciugateli. Mondate il melone eliminando i semi, i filamenti e la scorza; riducete la polpa a una dadolata finissima.

Tagliate a dadini anche la fontina. Raccogliete nell'insalatiera cetrioli, melone e fontina.

Per condire fate rassodare l'uovo cuocendolo in acqua bollente per 10 minuti. Raffreddatelo sotto l'acqua fredda corrente, sgusciatelo e tritatelo.

Mescolate lo yogurt con un po' di maionese, sale, pepe e l'uovo sodo tritato. Irrorate l'insalata con questa salsa, mescolate delicatamente e conservate in frigorifero fino al momento di servire.

Scarola e melagrana

TEMPO
15 minuti + 1 ora di riposo

DIFFICOLTÀ
bassa

Lavate la scarola, sgocciolatela, asciugatela e tagliatela a listarelle. Sgranate la melagrana e unite i chicchi alla scarola nell'insalatiera.

Cospargete con prezzemolo tritato, irrorate con il succo di limone e completate insaporendo con sale, pepe e un filo di olio.

Lasciate riposare l'insalata per almeno un'ora prima di servirla.

INGREDIENTI
2 grossi cespi di scarola
1 melagrana matura
prezzemolo
il succo di 1 limone
olio
sale, pepe

Carote caramellate con saraceno, cannellini, taggiasche e radicchio novello

TEMPO
40 minuti

DIFFICOLTÀ
bassa

Fate cuocere il grano saraceno e poi lasciatelo raffreddare. Potete farlo anche il giorno prima conservandolo in frigorifero.

Per la salsa in una ciotolina unite sciroppo d'acero, dell'olio, il coriandolo in polvere, la cannella, il peperoncino e un pizzico di sale. Mescolate per emulsionare.

Preriscaldate il forno a 250 °C. Pelate le carote, tagliatele a quarti conditele con la salsa e mettetele in forno sino a doratura. Resteranno croccanti e gustose.

A parte condite i ceci con il mix di 5 spezie e fate dorare in padella con un filo di olio.

Condite il grano saraceno con olio, sale e limone.

Fate raffreddare. Mescolate tutti gli ingredienti, aggiungendo le olive e i chicchi di melagrana. Rimestate ancora per amalgamare i sapori, regolate di sale e pepe, quindi completate con il coriandolo tritato.

INGREDIENTI

600 g di carote
300 g di cannellini cotti
200 g di ceci cotti
150 g di grano saraceno
3 cucchiai olive taggiasche
100 g tra radicchio e spinacino novello
3 cucchiai di chicchi di melagrana
1 mazzetto di coriandolo
1/2 cucchiaino di mix 5 spezie
il succo di 1/2 limone
olio
sale, pepe

PER LA SALSA

1 cucchiaio di sciroppo di acero
2 cucchiaini di coriandolo in polvere
2 cucchiai di cannella
1 pizzico di peperoncino in polvere
olio
sale

Cetrioli con noci in salsa all'uovo

TEMPO
45 minuti + 30 minuti di riposo

DIFFICOLTÀ
bassa

INGREDIENTI
4 cetrioli grossi
20 noci
prezzemolo
1 pomodoro maturo ma sodo
3 uova
2 cucchiai di succo di limone
olio
sale, pepe

Spuntate i cetrioli, sbucciateli e affettateli. Salateli e metteteli a scolare per 30 minuti su un piano inclinato; sciacquateli e asciugateli.

Immergete i gherigli delle noci in acqua tiepida, eliminate la cuticola scura di rivestimento e tritateli grossolanamente; tritate il prezzemolo e tagliate il pomodoro a spicchi.

Riunite tutti gli ingredienti in un'insalatiera.

Rassodate le uova facendole bollire per 10 minuti. Raffreddatele sotto il getto dell'acqua fredda, sgusciatele, tritate gli albumi e passate i tuorli al setaccio. Amalgamate ai tuorli il succo di limone e insaporiteli con sale, pepe e un filo di olio.

Condite le verdure con questa salsa, distribuitevi sopra gli albumi tritati e servite.

Asparagi, pomodori e olive

TEMPO
20 minuti

DIFFICOLTÀ
bassa

Lavate bene gli asparagi, eliminate la parte più dura del gambo e affettateli per il lungo con una mandolina. Conservateli in acqua e ghiaccio: in questo modo avranno una consistenza molto croccante.

Scolate i pomodori, lavate le olive e tagliate tutto a striscioline. Tritate anche l'aglio e l'erba cipollina.

Condite gli asparagi con olio, sale e pepe; disponeteli nei piatti e cospargete con i pomodori, le olive, l'aglio e l'erba cipollina.

INGREDIENTI PER 2 PERSONE
10 asparagi verdi
10 pomodori secchi sottolio
10 olive nere
1 spicchio d'aglio
erba cipollina
olio
sale, pepe

Misticanza, mele, noci, mandorle e primo sale di capra

TEMPO
15 minuti

DIFFICOLTÀ
bassa

INGREDIENTI
100 g di misticanza
2 piccole mele rosse
1 tazza di noci rosse e mandorle
100 g di primo sale di capra
1/2 cipolla rossa piccola
il succo di 1 limone
sale, pepe

PER LA SALSA
3 cucchiai di aceto di mele
2 cucchiai di senape
50 ml di olio

Tagliate a fette sottili la cipolla, mettetela in un colino e lasciatela sotto l'acqua corrente calda per qualche minuto. Affettate sottilmente le mele e bagnatele con il succo di limone per non farle scurire.

Tagliate a dadini il primo sale ed eventualmente lasciatelo sgocciolare appena in un colino.

Tritate grossolanamente la frutta secca.

In una grande ciotola unite tutti gli ingredienti.

Preparate la salsa alla senape emulsionando i liquidi e condite. Regolate di sapore e servite l'insalata fredda e croccante.

In alternativa al primo sale di capra, potete usare quello vaccino, più delicato, o la feta, più saporita.

Al posto di noci e mandorle sono eccellenti anche le pecan.

Insalata di fregola e pomodorini arrosto

TEMPO
30 minuti

DIFFICOLTÀ
bassa

Preparate due teglie, sulla prima adagiate i pomodorini con il loro ramo, conditi con un filo di olio, sale e pepe, sulla seconda mettete melanzane e zucchine a tocchetti piccoli, sempre conditi con olio e pepe, oltre agli spicchi d'aglio sbucciati e schiacciati. Salerete più tardi per mantenere la croccantezza.

Mettete in forno già caldo a 200 °C e lasciate cuocere sino a doratura di melanzane e zucchine e finché i pomodori non saranno arrostiti. Probabilmente toglierete prima la teglia dei pomodori.

Nel frattempo, fate cuocere la fregola, scolatela al dente e raffreddatela.

Conditela con le foglie di basilico spezzettate a mano, poi con melanzane e zucchine e mescolate. Regolate di sale e pepe e servite accompagnando ogni piatto con un ramo di pomodorini.

INGREDIENTI
200 g di fregola secca
400 g di pomodori ciliegia
2 piccole melanzane lunghe
2 zucchine novelle
2 spicchi d'aglio
1 mazzetto di basilico
olio
sale, pepe

Se vi piace, potete unire pinoli
o filetti di mandorle tostati
e scaglie di parmigiano o pecorino.

Lattuga e fragole

TEMPO
30 minuti

DIFFICOLTÀ
bassa

INGREDIENTI
1 cespo di lattuga
2 cestini di fragole

PER CONDIRE
il succo di 1 limone
olio

Mondate la lattuga, lavatela, sgocciolatela e asciugatela, poi spezzettatela con le mani. Lavate le fragole, asciugatele, mondatele e tagliatele in quarti.

Riunite nell'insalatiera la lattuga e le fragole e condite con un'emulsione di succo di limone e olio.

Verza, mandorle e uva passa

TEMPO
30 minuti

DIFFICOLTÀ
bassa

Eliminate le foglie esterne della verza. Allargate le foglie del cuore del cespo e scottatelo per 4 minuti in acqua bollente non salata. Passatelo sotto acqua corrente fredda, scolatelo bene e tagliatelo a listarelle. Mettete in ammollo l'uva passa in acqua tiepida.

Mondate e lavate le carote, quindi tagliatele a julienne.

Sbucciate l'arancia al vivo, tagliatela a rondelle e tagliate ogni rondella in 4 parti. Tritate insieme le mandorle e l'uva passa, accuratamente scolata e strizzata. Raccogliete tutti gli ingredienti nell'insalatiera e condite cospargendo con i semi di finocchio e con un'emulsione di aceto, sale, pepe e olio.

INGREDIENTI
1 verza
10 mandorle
2 cucchiai di uva passa
400 g di carote
1 arancia
1 cucchiaio di semi di finocchio
aceto
olio
sale, pepe

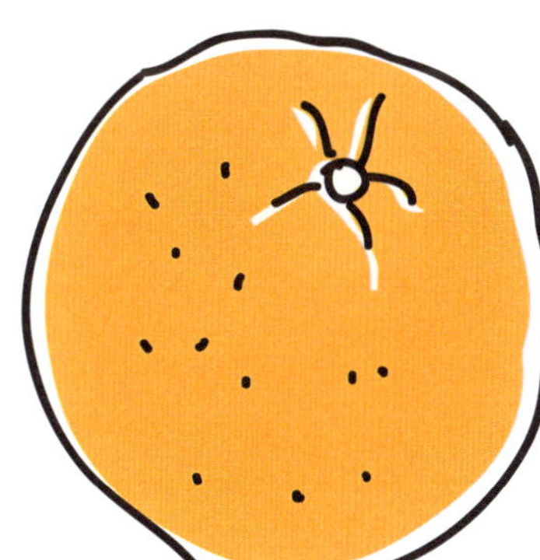

Insalata di pasta con radicchio, mela e arance

TEMPO
20 minuti

DIFFICOLTÀ
bassa

INGREDIENTI
300 g di pasta corta
2 mazzetti di radicchio novello
2 coste di sedano bianco o verde
40 g di mirtilli rossi essiccati
2 arance
1 mela Golden
1 cucchiaino di succo di limone
4 cucchiai di nocciole
sale

PER CONDIRE
2 cucchiai di aceto di mele
2 cucchiai di aceto di vino bianco
2 cucchiai di zucchero
1 pizzico di paprica
1 cucchiaino di semi di papavero
4 cucchiai di olio

Cuocete la pasta al dente in abbondante acqua salata; poi scolatela e raffreddatela.

Tagliate la mela a fettine sottilissime e bagnate con il succo di limone per evitare l'ossidazione.

Tostate leggermente le nocciole rotte al coltello in forno o in padella antiaderente senza oli aggiunti.

Tagliate le arance al vivo, togliendo tutte le parti bianche, e il sedano a rondelle.

Per il condimento mescolate insieme olio, aceti, zucchero, paprica e semi di papavero.

Mettete in una ciotola tutti gli ingredienti e condite.

Servite l'insalata ben fredda.

Quinoa con peperoni al forno, spinaci e avocado

TEMPO
45 minuti

DIFFICOLTÀ
media

Per la quinoa fatela cuocere nel brodo come da indicazioni, condendola con il sale. Scolatela se serve e raffreddatela sgranandola con una forchetta.

Per le verdure preriscaldate il forno a 250 °C, ungete una teglia con l'olio e mettetevi i peperoni e le zucchine tagliati a striscioline. Ungete appena e lasciate in forno sino a completa rosolatura. Poi regolate di sale e pepe.

In un piatto mescolate la quinoa con la cipolla tagliata a pezzettini, condite con olio, sale, pepe, una buona spruzzata di lime e, infine, unite le verdure con il loro fondo di cottura.

Mescolate e servite aggiungendo gli spinacini novelli e l'avocado a pezzetti.

INGREDIENTI

PER LA QUINOA
2 tazze di quinoa
2 tazze e 1/2 di brodo vegetale
2 cucchiaini di sale kosher

PER LE VERDURE
2 peperoni gialli
1 peperone rosso
1 zucchina novella
1 mazzo di spinaci novelli
1 avocado
1 cipolla rossa
il succo di 1 lime
olio
sale, pepe

Malloreddus con frutta e mozzarelline

TEMPO
20 minuti

DIFFICOLTÀ
bassa

INGREDIENTI
300 g di malloreddus
3 albicocche fresche
3 albicocche disidratate
1 confezione di mozzarelle ciliegine
1 manciata di foglie di spinaci novelli
1/2 tazza di uva passa
3 cucchiai di pistacchi
1 mazzetto di coriandolo

PER LA SALSA
3 cucchiai di salsa teriyaki
3 cucchiai di aceto di mele
olio
sale, pepe

Lessate i malloreddus in abbondante acqua salata; scolateli e sciacquateli con acqua fredda.

Per la salsa emulsionate la teriyaki a olio, aceto, sale e pepe.

Tagliate le albicocche fresche e disidratate a striscioline, rompete i pistacchi e scolate le mozzarelline.

Unite il tutto in una ciotola, mescolate, aggiungete l'uva passa e gli spinaci e condite con la salsa.

Prima di servire, ben fredda, spezzettate delle foglie di coriandolo.

Piselli, fave e taccole

TEMPO
30 minuti

DIFFICOLTÀ
bassa

INGREDIENTI PER 2 PERSONE
80 g di fave sgranate
50 g di taccole
60 g di piselli sgranati freschissimi
1 porro
1 spicchio d'aglio
prezzemolo
il succo di 1/2 limone
olio
sale, pepe

Lavate e mondate le taccole, tagliatele a listarelle e conservatele in frigorifero. Tagliate a julienne il porro.

Tritate l'aglio e il prezzemolo e mescolateli con il succo di limone e poco olio.

Unite tutte le verdure nei piatti individuali, condite con la salsina, aggiungete sale e pepe e servite.

Carciofi e fichi con agrumi

TEMPO
30 minuti

DIFFICOLTÀ
bassa

INGREDIENTI
4 cuori di carciofo
6 fichi
2 arance
1 pompelmo grosso
1 cespo di lattuga
2 cucchiai di mandorle tostate

PER CONDIRE
1/2 limone non trattato
tabasco
olio
sale

Pelate al vivo gli spicchi delle arance e del pompelmo.

Sbucciate i fichi e tagliateli a dadini.

Affettate finemente i cuori di carciofo.

Mondate la lattuga, disponete le foglie su un piatto da portata e adagiatevi sopra i carciofi e gli agrumi.

Per condire grattugiate la scorza del limone. Emulsionate il succo con qualche goccia di tabasco, sale, olio e unite alla preparazione anche la scorza.

Versate la salsina sull'insalata, cospargete con le mandorle tritate grossolanamente e servite.

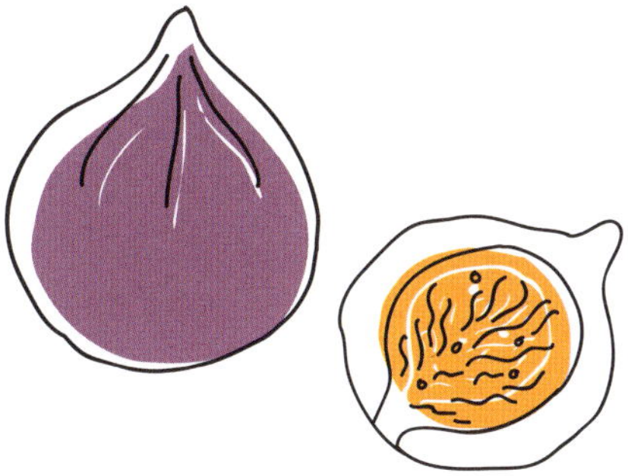

Fagioli rossi, cannellini e... fagiolini boby al wasabi

TEMPO
15 minuti

DIFFICOLTÀ
bassa

INGREDIENTI
300 g di fagiolini boby
300 g di fagioli rossi cotti
300 g di cannellini cotti
1 cipolla rossa

PER CONDIRE
il succo di 2 lime
1/4 di cucchiaino di wasabi
olio
sale, pepe

Sgocciolate entrambi i tipi di fagioli e risciacquateli sotto acqua corrente fredda, poi tamponateli e metteteli in una ciotola.

Scottate i boby in acqua bollente salata, poi tagliateli a tocchetti. Affettate a rondelle sottili la cipolla. Amalgamate il tutto.

Per il condimento emulsionate all'olio il succo di lime e il wasabi. Regolate di sapore.

Versate il condimento sui legumi e mescolate.

Insalata di pere, melagrana e cipolla

TEMPO
15 minuti

DIFFICOLTÀ
bassa

Tagliate le pere, con la buccia, a tocchetti. Sgranate la melagrana e recuperate il succo.

Tagliate finemente anche la cipolla.

Unite gli ingredienti in una ciotola e conditeli con succo di limone, olio, sale e abbondante pepe, poi decorate con foglie di coriandolo.

INGREDIENTI
2 pere
1 melagrana
1/2 cipolla rossa
1 mazzetto di coriandolo
il succo di 1 limone
olio
sale, pepe

Insalata di... frutta

TEMPO
15 minuti

DIFFICOLTÀ
bassa

INGREDIENTI
frutta mista a piacere tra anguria, melone, papaia, mango, mirtilli, fichi ciliegie, fragole, mele, pere...

PER LO SCIROPPO
il succo di 2 limoni
2 cucchiai di zucchero a velo
1 cucchiaio di liquore all'arancia

Tagliate la frutta a piacere utilizzando tagliapasta di varie misure.

Per lo sciroppo emulsionate il succo dei limoni con lo zucchero a velo e il liquore all'arancia.

Mettete la frutta in una terrina e conditela con lo sciroppo.

Indice